A Sunny Day in the City: Short Stories in German for Beginners

Artici Bilingual Books

Published by Artici Bilingual Books, 2024.

While every precaution has been taken in the preparation of this book, the publisher assumes no responsibility for errors or omissions, or for damages resulting from the use of the information contained herein.

A SUNNY DAY IN THE CITY: SHORT STORIES IN GERMAN FOR BEGINNERS

First edition. April 10, 2024.

ISBN: 979-8224284573

Written by Artici Bilingual Books.

Table of Contents

Der Glanz des Mondes

Es war einmal eine kleine Stadt am Rande eines weiten Ozeans. In dieser Stadt lebte ein junger Mann namens Max. Max hatte große Träume, die über die Grenzen seiner kleinen Stadt hinausreichten. Jeden Abend, wenn der Himmel sich langsam rosa und dann tiefblau färbte, saß Max am Strand und starrte auf das glitzernde Wasser hinaus.

Eines Abends, als der Mond hoch am Himmel stand und sein silbriges Licht auf das Meer warf, erschien plötzlich eine mysteriöse Gestalt am Strand. Es war eine Frau, gekleidet in einen schillernden Umhang, der im Mondlicht funkelte. Sie näherte sich Max mit einem geheimnisvollen Lächeln auf den Lippen.

"Was führt dich hierher, in diese stille Nacht?", fragte die Frau mit einer sanften Stimme, die klang wie das Flüstern des Meeres.

Max war verblüfft über die Erscheinung der Frau, aber er fühlte sich gleichzeitig von ihrer Anmut angezogen. Er antwortete: "Ich suche nach etwas, das größer ist als das Leben in meiner kleinen Stadt. Etwas, das mir die Welt zeigt und meine Träume zum Leben erweckt."

Die Frau lächelte und streckte ihre Hand aus. "Dann komm mit mir", sagte sie. "Ich werde dir die Wunder dieser Welt zeigen und deine Träume wahr werden lassen."

Max zögerte einen Moment, aber dann ergriff er ihre Hand und folgte ihr den Strand entlang. Sie gingen durch das silbrige Licht des Mondes, bis sie zu einem Boot gelangten, das im sanften Wellenschlag des Meeres schaukelte. Die Frau half Max, in das Boot zu steigen, und dann stießen sie sich vom Ufer ab und segelten hinaus auf das offene Meer.

Die Nacht war still, nur das Rauschen des Meeres begleitete sie auf ihrer Reise. Die Frau führte Max zu fernen Inseln und exotischen Orten, die er sich in seinen kühnsten Träumen nicht hätte vorstellen können. Sie schwammen mit Delfinen in glitzernden Lagunen, erkundeten geheimnisvolle Höhlen und tanzten unter dem funkelnden Sternenhimmel.

Mit jedem Tag, den sie zusammen verbrachten, öffnete sich Max' Herz mehr und mehr für die Schönheit und das Abenteuer, das das Leben zu bieten hatte. Er vergaß seine Sorgen und Ängste und lebte nur im Moment, voller Freude und Dankbarkeit für die Wunder, die ihm begegneten.

Doch eines Tages, als die Sonne über dem Horizont aufging und das Meer in goldenes Licht tauchte, spürte Max plötzlich eine Sehnsucht in seinem Herzen. Es war die Sehnsucht nach seiner Heimat, nach der kleinen Stadt am Rande des Ozeans, die er so sehr geliebt hatte.

Er wandte sich an die Frau und sagte: "Es war wundervoll, all diese Abenteuer zu erleben, aber jetzt sehne ich mich nach meiner Heimat. Ich möchte zurückkehren und all die Wunder teilen, die ich entdeckt habe."

Die Frau lächelte verständnisvoll und nickte. Sie brachte Max zurück zu seinem Boot und half ihm, den Kurs zurück zur kleinen Stadt einzuschlagen. Als sie sich der Küste näherten, verschwand die Frau langsam im morgendlichen Nebel, aber Max wusste, dass er sie nie vergessen würde.

Als er schließlich wieder festen Boden unter den Füßen hatte und seine vertraute Stadt erblickte, spürte Max ein warmes Gefühl der Heimat in seinem Herzen.

Von diesem Tag an war Max nicht nur ein Träumer, sondern auch ein Geschichtenerzähler. Er erzählte den Menschen von all den Abenteuern, die er erlebt hatte, und teilte seine Freude und seine Träume mit ihnen.

Er erinnerte sich immer an die glitzernden Nächte auf dem Meer und den Glanz des Mondes, der ihm den Weg zu neuen Horizonten gewiesen hatte.

Und obwohl die Frau nie wiederkehrte, wusste Max, dass ihr Zauber für immer in seinem Herzen bleiben würde.

The Shine of the Moon

Once upon a time, there was a small town on the edge of a vast ocean. In this town lived a young man named Max. Max had big dreams that reached beyond the borders of his small town. Every evening, as the sky turned slowly pink and then deep blue, Max sat on the beach and stared out at the shimmering water.

One evening, when the moon was high in the sky, casting its silvery light upon the sea, a mysterious figure suddenly appeared on the beach. It was a woman, dressed in a shimmering cloak that sparkled in the moonlight. She approached Max with a mysterious smile on her lips.

"What brings you here, to this quiet night?" the woman asked with a gentle voice that sounded like the whisper of the sea.

Max was astonished by the woman's appearance, but he felt drawn to her grace at the same time. He replied, "I am searching for something greater than life in my small town. Something that will show me the world and bring my dreams to life."

The woman smiled and reached out her hand. "Then come with me," she said. "I will show you the wonders of this world and make your dreams come true."

Max hesitated for a moment, but then he took her hand and followed her along the beach. They walked through the silvery light of the moon until they reached a boat rocking gently in the soft waves of the sea. The woman helped Max to board the boat, and then they pushed off from the shore and sailed out into the open sea.

The night was quiet, only the sound of the sea accompanied them on their journey. The woman led Max to distant islands and exotic places that he could not have imagined even in his wildest dreams. They swam with dolphins in sparkling lagoons, explored mysterious caves, and danced beneath the twinkling starry sky.

With each day they spent together, Max's heart opened more and more to the beauty and adventure that life had to offer. He forgot his worries and fears and lived only in the moment, full of joy and gratitude for the wonders that surrounded him.

But one day, as the sun rose above the horizon and bathed the sea in golden light, Max suddenly felt a longing in his heart. It was a longing for his home, for the small town on the edge of the ocean that he had loved so much.

He turned to the woman and said, "It has been wonderful to experience all these adventures, but now I long for my home. I want to return and share all the wonders I have discovered."

The woman smiled understandingly and nodded. She brought Max back to his boat and helped him set course back to the small town. As they approached the coast, the woman slowly disappeared into the morning mist, but Max knew that he would never forget her.

When he finally had solid ground beneath his feet again and saw his familiar town in the distance, Max felt a warm feeling of home in his heart.

From that day on, Max was not only a dreamer but also a storyteller. He told the people about all the adventures he had experienced and shared his joy and dreams with them.

He always remembered the glittering nights on the sea and the shine of the moon that had guided him to new horizons.

And although the woman never returned, Max knew that her magic would remain in his heart forever.

Die Reise des Wanderers

Es war einmal ein Wanderer namens Max, der keine Wurzeln hatte und keine Grenzen kannte. Max zog von Ort zu Ort, immer auf der Suche nach neuen Abenteuern und unentdeckten Wegen.

Er wanderte über hohe Berge und durch tiefe Täler, entlang rauschender Flüsse und durch dichte Wälder. Er traf Menschen aus verschiedenen Ländern und Kulturen und hörte ihre Geschichten und Lieder.

Max hatte kein Ziel vor Augen, keine bestimmte Richtung, die er einschlagen wollte. Er ließ sich vom Wind treiben und folgte den Sternen am Himmel. Jeder Tag war ein neues Abenteuer, jede Nacht ein neuer Traum.

Auf seinen Reisen begegnete Max auch der Liebe. Er verliebte sich in die Mädchen mit den strahlenden Augen und den frechen Lächeln, die ihn mit ihrer Schönheit und ihrem Charme verzauberten. Doch seine Liebe war flüchtig, wie der Wind, der ihn forttrug, und so zog Max weiter, immer weiter, auf der Suche nach neuen Erfahrungen und neuen Gefühlen.

Manchmal verirrte sich Max auf dunklen Pfaden und verlor den Mut. Doch dann erinnerte er sich an die Worte seines Vaters, der ihm gesagt hatte: "Die Straße ist dein Zuhause, mein Sohn. Solange du unterwegs bist, wirst du nie allein sein."

Und so wanderte Max weiter, mit einem Lied auf den Lippen und einem Lächeln im Herzen. Er lernte, dass Glück nicht in Besitz und Reichtum liegt, sondern in den kleinen Dingen des Lebens: einem warmen Sonnenstrahl, einem freundlichen Lächeln, einem guten Gespräch am Lagerfeuer.

Eines Tages, als Max auf einer einsamen Landstraße wanderte, traf er einen alten Mann, der am Straßenrand saß und auf einer Gitarre spielte.

Der Mann lud Max ein, sich zu ihm zu setzen, und gemeinsam sangen sie Lieder von Freiheit und Abenteuer, von Liebe und Sehnsucht.

Als die Sonne unterging und der Himmel sich rosa und orange färbte, stand Max auf und verabschiedete sich vom alten Mann. Doch bevor er weiterzog, drückte ihm der Mann etwas in die Hand: eine kleine Gitarre aus Holz, handgeschnitzt und mit liebevollen Details verziert.

"Behalte sie, mein Freund", sagte der alte Mann mit einem Lächeln. "Sie wird dich auf deinen Reisen begleiten und dir Trost spenden, wenn du einsam bist."

Max bedankte sich herzlich und steckte die Gitarre in seinen Rucksack. Dann wanderte er weiter.

In den Jahren, die folgten, zog Max weiter über die Straßen und durch die Länder, immer begleitet von seiner Gitarre und den Erinnerungen an die Abenteuer, die er erlebt hatte und die ihm niemand nehmen konnte.

Und so endet die Geschichte von Max, dem Wanderer, der keine Wurzeln hatte und keine Grenzen kannte, aber in seinem Herzen immer ein Zuhause fand, wo immer er auch war.

The Journey of the Wanderer

Once upon a time, there was a wanderer named Max who had no roots and knew no boundaries. Max traveled from place to place, always searching for new adventures and undiscovered paths.

He hiked over tall mountains and through deep valleys, along rushing rivers and through dense forests. He met people from different countries and cultures and listened to their stories and songs.

Max had no destination in mind, no specific direction he wanted to take. He let himself be carried by the wind and followed the stars in the sky. Each day was a new adventure, each night a new dream.

On his travels, Max also encountered love. He fell in love with the girls with the radiant eyes and the mischievous smiles, who enchanted him with their beauty and charm. But his love was fleeting, like the wind that carried him away, and so Max moved on, always further, in search of new experiences and new feelings.

Sometimes Max lost his way on dark paths and lost courage. But then he remembered the words of his father, who had told him: "The road is your home, my son. As long as you are on the road, you will never be alone."

And so Max continued to wander, with a song on his lips and a smile in his heart. He learned that happiness does not lie in possession and wealth, but in the small things of life: a warm sunbeam, a friendly smile, a good conversation by the campfire.

One day, as Max walked along a lonely country road, he met an old man sitting by the roadside playing a guitar. The man invited Max to sit with him, and together they sang songs of freedom and adventure, of love and longing.

As the sun set and the sky turned pink and orange, Max stood up and bid farewell to the old man. But before he moved on, the man pressed something into his hand: a small wooden guitar, hand-carved and lovingly adorned with details.

"Keep it, my friend," said the old man with a smile. "It will accompany you on your travels and bring you comfort when you are lonely."

Max thanked him warmly and tucked the guitar into his backpack. Then he continued on his journey.

In the years that followed, Max continued to roam the roads and travel through the lands, always accompanied by his guitar and the memories of the adventures he had experienced and no one could take away from him.

And so ends the story of Max, the wanderer, who had no roots and knew no boundaries, but always found a home in his heart wherever he was.

Die kleine rote Blume

Es war einmal ein kleines Dorf, umgeben von grünen Wiesen und dichten Wäldern. In diesem Dorf lebte eine junge Frau namens Clara. Sie war eine einfache Frau, mit einem Herzen voller Güte und einem Geist voller Träume.

Jeden Tag ging Clara durch die Felder, sammelte Beeren und Blumen und brachte sie nach Hause, um ihr kleines Häuschen zu schmücken. Doch eines Tages, als sie durch den Wald spazierte, entdeckte sie etwas Seltsames: eine kleine rote Blume, so leuchtend und schön wie der Sonnenuntergang.

Clara konnte nicht widerstehen. Sie bückte sich, pflückte die Blume und nahm sie mit nach Hause. Dort stellte sie sie in eine Vase auf den Tisch und betrachtete sie bewundernd. Die Blume schien zu leuchten, als ob sie ein eigenes kleines Licht in sich trug.

In den folgenden Tagen bemerkte Clara etwas Merkwürdiges. Jedes Mal, wenn sie die kleine rote Blume anschaute, fühlte sie sich glücklicher und voller Energie. Ihre Sorgen schienen zu verblassen, und ihr Herz war leichter.

Die Leute im Dorf begannen zu reden. Sie sagten, dass Clara sich verändert hatte, dass sie strahlte wie die Sonne und glücklicher wirkte als je zuvor. Aber Clara dachte nicht viel darüber nach. Sie war einfach dankbar für die kleine rote Blume und die Freude, die sie ihr brachte.

Doch eines Tages, als Clara von ihrem Spaziergang zurückkehrte, fand sie ihr Haus in Flammen. Panisch lief sie hinüber und versuchte, das Feuer zu löschen, aber es war bereits zu spät. Ihr Zuhause war zerstört, und alles, was sie besaß, war verloren.

Clara war verzweifelt. Sie wusste nicht, was sie tun sollte. Sie hatte nichts mehr, kein Zuhause, keine Kleider, nichts. Aber dann erinnerte sie sich an die kleine rote Blume, die immer noch auf dem Tisch stand, unversehrt und strahlend wie immer.

Mit zitternden Händen griff Clara nach der Blume und hielt sie fest. Und plötzlich spürte sie eine Wärme, die sie umhüllte, eine Kraft, die sie erfüllte. Sie wusste nicht, wie es passierte, aber in diesem Moment fühlte sie sich gestärkt und entschlossen.

Clara stand auf, mit der kleinen roten Blume in der Hand, und schaute sich um. Sie sah das zerstörte Haus, die verkohlten Überreste ihres Lebens. Aber sie spürte auch etwas anderes, etwas Neues und Aufregendes. Eine Möglichkeit, von vorne anzufangen, sich selbst neu zu erfinden.

Und so ging Clara hinaus in die Welt, mit nichts als der kleinen roten Blume in der Hand und einem Herzen voller Mut. Sie wusste nicht, was die Zukunft bringen würde, aber sie wusste, dass sie stark genug war, um allem zu begegnen, solange sie die Blume bei sich hatte.

The Little Red Flower

Once upon a time, there was a small village surrounded by green meadows and dense forests. In this village lived a young woman named Clara. She was a simple woman, with a heart full of kindness and a mind full of dreams.

Every day, Clara walked through the fields, gathering berries and flowers and bringing them home to decorate her small cottage. But one day, as she walked through the forest, she discovered something strange: a little red flower, as bright and beautiful as the sunset.

Clara couldn't resist. She bent down, picked the flower, and took it home. There, she placed it in a vase on the table and admired it. The flower seemed to glow, as if it carried its own little light within.

In the days that followed, Clara noticed something strange. Every time she looked at the little red flower, she felt happier and full of energy. Her worries seemed to fade away, and her heart was lighter.

The people in the village began to talk. They said that Clara had changed, that she radiated like the sun and seemed happier than ever before. But Clara didn't think much about it. She was simply grateful for the little red flower and the joy it brought her.

But one day, as Clara returned from her walk, she found her house in flames. Panicked, she ran over and tried to extinguish the fire, but it was already too late. Her home was destroyed, and everything she owned was lost.

Clara was desperate. She didn't know what to do. She had nothing left, no home, no clothes, nothing. But then she remembered the little red flower, still standing on the table, unharmed and shining as ever.

With trembling hands, Clara reached for the flower and held it tight. And suddenly, she felt a warmth enveloping her, a strength filling her. She didn't know how it happened, but in that moment, she felt empowered and determined.

Clara stood up, holding the little red flower in her hand, and looked around. She saw the destroyed house, the charred remnants of her life. But she also felt something else, something new and exciting. A chance to start over, to reinvent herself.

And so, Clara ventured out into the world, with nothing but the little red flower in her hand and a heart full of courage. She didn't know what the future would bring, but she knew she was strong enough to face anything, as long as she carried the flower in her heart.

Das Geheimnis des kleinen Elfen

In einer malerischen Hügellandschaft, wo die Gräser sanft im Wind wiegen und die Bäume ihre Äste zum Himmel recken, lebte ein junger Mann namens Lukas. Er war ein einfacher Bauer, der sein Leben damit verbrachte, auf den Feldern zu arbeiten und die Schafe zu hüten.

Doch Lukas hatte eine besondere Liebe für Geschichten und Legenden. Er war fasziniert von den alten Märchen über Elfen und Zwerge, über tapfere Helden und geheimnisvolle Schätze. Jede Nacht, wenn er in seinem kleinen Häuschen am Rande des Dorfes schlief, träumte er von Abenteuern in fernen Ländern und vergessenen Zeiten.

Eines Tages, als Lukas auf den Feldern arbeitete, bemerkte er etwas Glitzerndes zwischen den Gräsern. Neugierig ging er näher und entdeckte einen kleinen goldenen Ring, der im Sonnenlicht funkelte. Lukas nahm den Ring auf und betrachtete ihn bewundernd. Er war wunderschön gearbeitet, mit filigranen Mustern und funkelnden Edelsteinen.

Lukas steckte den Ring in seine Tasche und machte sich auf den Heimweg. Unterwegs traf er einen alten Mann, der am Rand des Waldes saß und auf eine kleine Harfe spielte. Der Mann sah Lukas mit einem geheimnisvollen Lächeln an und sagte: "Sei vorsichtig, junger Mann. Der Ring, den du gefunden hast, birgt ein großes Geheimnis."

Verwirrt schaute Lukas den alten Mann an. "Was meinst du?" fragte er.

Der alte Mann lächelte wieder. "Dies ist kein gewöhnlicher Ring", sagte er. "Er gehört einem kleinen Elfen, der tief im Wald lebt. Wenn du den Ring behältst, wird der Elfenkönig dich finden und dich auf eine Reise mitnehmen, die dein Leben für immer verändern wird."

Lukas war skeptisch. Er glaubte nicht an Elfen und Zwerge, an Märchen und Legenden. Aber trotzdem konnte er das Gefühl nicht loswerden, dass der Ring etwas Besonderes war, dass er eine Geschichte zu erzählen hatte.

Als Lukas zu Hause ankam, legte er den Ring auf den Tisch und betrachtete ihn nachdenklich. Er konnte nicht aufhören, über die Worte des alten Mannes nachzudenken und darüber, was sie bedeuten könnten.

In der folgenden Nacht konnte Lukas nicht schlafen. Sein Kopf war voller Gedanken und Träume, voller Sehnsucht nach Abenteuern und Geheimnissen. Schließlich stand er auf, nahm den Ring und machte sich auf den Weg in den Wald.

Die Bäume ragten hoch über ihm empor, und das Laub raschelte leise im Wind. Lukas folgte einem schmalen Pfad, der tiefer und tiefer in den Wald führte. Die Sonne ging langsam unter, und die Dunkelheit umhüllte ihn wie ein Mantel.

Plötzlich hörte Lukas ein leises Flüstern. Er blieb stehen und lauschte. Das Flüstern wurde lauter, und schließlich stand er vor einer Lichtung, auf der eine Gruppe von Elfen versammelt war.

Die Elfen waren klein und zart, mit glänzenden Flügeln und leuchtenden Augen. Sie tanzten im Mondlicht und sangen Lieder, die von fernen Ländern und vergessenen Zeiten erzählten.

Lukas trat näher und hielt den Ring hoch. "Ich habe euren Ring gefunden", rief er.

Die Elfen hörten auf zu tanzen und sahen Lukas neugierig an. Einer von ihnen, ein junger Elfenprinz mit goldenen Locken und einem strahlenden Lächeln, trat vor und nahm den Ring entgegen.

"Du hast unseren Ring gefunden", sagte der Elfenprinz. "Du bist ein tapferer Mann, Lukas. Komm mit uns und sei unser Gast in unserem Reich unter den Sternen."

Lukas konnte sein Glück kaum fassen. Er folgte den Elfen durch den Wald, vorbei an glitzernden Bächen und duftenden Blumenwiesen, bis sie schließlich ein majestätisches Schloss erreichten, das hoch über den Baumwipfeln thronte.

Aber trotz all der Freude und des Glanzes fühlte Lukas eine Sehnsucht in seinem Herzen, eine Sehnsucht nach seinem Zuhause, nach den Feldern und den Schafen, nach den einfachen Freuden seines Lebens als Bauer.

Eines Tages, als die Sonne über dem Wald aufging und die Vögel ihre Lieder sangen, entschied Lukas, dass es Zeit war, Abschied zu nehmen. Er bedankte sich bei den Elfen für ihre Gastfreundschaft und machte sich auf den Weg zurück in sein Dorf.

Als Lukas sein kleines Häuschen am Rande des Dorfes erreichte, fühlte er eine tiefe Zufriedenheit in seinem Herzen.

Und als er den Ring auf den Tisch legte und sich zum Schlafen niederlegte, wusste Lukas, dass er nie vergessen würde, was er erlebt hatte, und dass er immer ein Teil der geheimnisvollen Welt der Elfen bleiben würde.

The Secret of the Little Elf

In a picturesque hilly landscape, where the grass swayed gently in the wind and the trees stretched their branches towards the sky, lived a young man named Lukas. He was a simple farmer who spent his life working in the fields and tending to the sheep.

But Lukas had a special love for stories and legends. He was fascinated by the old tales of elves and dwarves, of brave heroes and mysterious treasures. Every night, as he slept in his small cottage on the edge of the village, he dreamed of adventures in distant lands and forgotten times.

One day, as Lukas worked in the fields, he noticed something glittering among the grass. Curiously, he approached and discovered a small golden ring sparkling in the sunlight. Lukas picked up the ring and admired it. It was beautifully crafted, with delicate patterns and sparkling gemstones.

Lukas put the ring in his pocket and made his way home. Along the way, he met an old man sitting on the edge of the forest, playing a small harp. The man looked at Lukas with a mysterious smile and said, "Be careful, young man. The ring you found holds a great secret."

Confused, Lukas looked at the old man. "What do you mean?" he asked. The old man smiled again. "This is no ordinary ring," he said. "It belongs to a little elf who lives deep in the forest. If you keep the ring, the Elf King will find you and take you on a journey that will change your life forever."

Lukas was skeptical. He didn't believe in elves and dwarves, in fairy tales and legends. But still, he couldn't shake the feeling that the ring was something special, that it had a story to tell.

When Lukas arrived home, he placed the ring on the table and gazed at it thoughtfully. He couldn't stop thinking about the old man's words and what they might mean.

That night, Lukas couldn't sleep. His head was filled with thoughts and dreams, full of longing for adventure and mystery. Finally, he got up, took the ring, and set off into the forest.

The trees towered above him, and the leaves rustled softly in the wind. Lukas followed a narrow path that led deeper and deeper into the forest. The sun was slowly setting, and darkness enveloped him like a cloak.

Suddenly, Lukas heard a soft whispering. He stopped and listened. The whispering grew louder, and eventually, he found himself in a clearing where a group of elves was gathered.

The elves were small and delicate, with shiny wings and glowing eyes. They danced in the moonlight and sang songs that told of distant lands and forgotten times.

Lukas stepped closer and held up the ring. "I found your ring," he called out.

The elves stopped dancing and looked at Lukas curiously. One of them, a young elf prince with golden curls and a radiant smile, stepped forward and took the ring.

"You have found our ring," said the elf prince. "You are a brave man, Lukas. Come with us and be our guest in our realm under the stars."

Lukas couldn't believe his luck. He followed the elves through the forest, past glittering streams and fragrant flower meadows, until they finally reached a majestic castle towering high above the treetops.

But despite all the joy and splendor, Lukas felt a longing in his heart, a longing for home, for the fields and the sheep, for the simple joys of his life as a farmer.

One day, as the sun rose over the forest and the birds sang their songs, Lukas decided that it was time to say goodbye. He thanked the elves for their hospitality and set off back to his village.

As Lukas reached his small cottage on the edge of the village, he felt a deep contentment in his heart.

And as he placed the ring on the table and lay down to sleep, Lukas knew that he would never forget what he had experienced and that he would always remain a part of the mysterious world of the elves.

Die Tränen des Lebens

In einem kleinen Dorf am Rande der Welt, wo die Sonne sanft über die grünen Hügel strahlte und der Duft von Blumen in der Luft lag, lebte ein weiser Mann namens Elias. Er war ein einfacher Gärtner, der sein Leben damit verbrachte, für die Schönheit der Natur zu sorgen und den Menschen in seinem Dorf mit seinen weisen Worten zu helfen.

Eines Tages, als Elias durch die blühenden Gärten spazierte, sah er eine junge Frau unter einem alten Baum sitzen, Tränen in den Augen. Ihr Name war Sara, und sie war eine einfache Magd, die ihr Herz an einen Mann verloren hatte, der fortgegangen war, um in der Ferne sein Glück zu suchen.

Elias setzte sich neben Sara und legte sanft seine Hand auf ihre Schulter. "Warum weinst du, meine liebe Sara?" fragte er mitfühlend.

Sara schniefte und wischte sich die Tränen aus den Augen. "Ich vermisse ihn so sehr, Elias", schluchzte sie. "Er hat mich verlassen, um sein Glück anderswo zu suchen, und ich weiß nicht, wie ich ohne ihn weitermachen soll."

Elias nickte verständnisvoll. "Die Tränen, die du weinst, sind die Tränen des Lebens, meine liebe Sara", sagte er sanft. "Sie sind das Salz, das die Wunden der Seele heilt, das Wasser, das die Blumen deines Herzens zum Blühen bringt."

Sara schaute Elias verwirrt an. "Aber wie kann ich glücklich sein, wenn mein Herz so schwer ist vor Sehnsucht und Kummer?" fragte sie verzweifelt.

Elias lächelte traurig. "Glück ist nicht die Abwesenheit von Schmerz, meine liebe Sara", erklärte er. "Es ist die Fähigkeit, trotz des Schmerzes zu lächeln, die Fähigkeit, das Licht am Ende des Tunnels zu sehen, auch wenn es manchmal so weit entfernt erscheint."

Sara dachte über Elias' Worte nach und spürte, wie ein Funken Hoffnung in ihrem Herzen aufkeimte. Vielleicht gab es doch einen Weg, ihr Leid zu überwinden und wieder Glück zu finden, auch wenn es im Moment unvorstellbar schien.

In den nächsten Tagen und Wochen besuchte Sara Elias immer wieder in seinem Garten. Sie teilte ihre Sorgen und Ängste mit ihm und hörte aufmerksam zu, wenn er ihr seine weisen Ratschläge gab. Und langsam, ganz langsam, begann sich etwas in ihrem Inneren zu verändern.

Eines Tages, als Elias und Sara gemeinsam durch die blühenden Gärten spazierten, blieb Elias plötzlich stehen und zeigte auf eine zarte Blume, die sich gerade öffnete. "Schau, meine liebe Sara", sagte er leise. "Siehst du diese Blume? Sie war einmal eine Knospe, fest verschlossen und verborgen vor der Welt. Aber jetzt, dank der Kraft der Sonne und des Regens, öffnet sie sich langsam und entfaltet ihre Schönheit für alle zu sehen."

Sara lächelte und beobachtete fasziniert, wie sich die Blume vor ihren Augen öffnete. "Es ist wunderschön, Elias", sagte sie bewundernd. "Aber was hat das mit mir zu tun?"

Elias legte seine Hand auf ihr Herz. "Du bist wie diese Blume, meine liebe Sara", sagte er sanft. "Du hast so lange in deinem Schmerz verharrt, so lange in deiner Traurigkeit. Aber jetzt ist es an der Zeit, dass du dich öffnest und deine eigene Schönheit der Welt zeigst."

Sara spürte, wie ihre Augen sich mit Tränen füllten, diesmal aber Tränen der Freude und des Glücks. Sie umarmte Elias dankbar und versprach, sein weises Wort in ihrem Herzen zu bewahren.

In den folgenden Wochen blühte Sara auf wie die Blume in Elias' Garten. Sie fand Trost und Hoffnung in seinen Ratschlägen und fühlte sich gestärkt und ermutigt, ihr Leben in die Hand zu nehmen und wieder nach vorne zu blicken.

Und eines Tages, als die Sonne über dem Dorf aufging und die Vögel ihre Lieder sangen, stand Sara auf dem Hügel am Rande der Welt und lächelte. Sie spürte die warme Brise in ihrem Haar und das sanfte

Summen der Bienen um sie herum, und sie wusste, dass sie bereit war, ihr Leben in vollen Zügen zu leben, egal was die Zukunft bringen mochte. Denn sie hatte gelernt, dass das Leben ein Geschenk war, kostbar und zerbrechlich zugleich, und dass es an ihr lag, es zu umarmen und jeden Moment zu genießen, so wie er kam.

The Tears of Life

In a small village at the edge of the world, where the sun gently shone over the green hills and the scent of flowers lingered in the air, lived a wise man named Elias. He was a simple gardener who spent his life caring for the beauty of nature and helping the people in his village with his wise words.

One day, as Elias strolled through the blooming gardens, he saw a young woman sitting under an old tree, tears in her eyes. Her name was Sara, and she was a simple maid who had lost her heart to a man who had left to seek his fortune afar.

Elias sat down beside Sara and gently placed his hand on her shoulder. "Why are you crying, my dear Sara?" he asked with compassion.

Sara sniffled and wiped the tears from her eyes. "I miss him so much, Elias," she sobbed. "He left me to seek his fortune elsewhere, and I don't know how to go on without him."

Elias nodded understandingly. "The tears you shed are the tears of life, my dear Sara," he said gently. "They are the salt that heals the wounds of the soul, the water that makes the flowers of your heart bloom."

Sara looked at Elias, puzzled. "But how can I be happy when my heart is so heavy with longing and sorrow?" she asked despairingly.

Elias smiled sadly. "Happiness is not the absence of pain, my dear Sara," he explained. "It is the ability to smile despite the pain, the ability to see the light at the end of the tunnel, even when it sometimes seems so far away."

Sara pondered Elias' words and felt a spark of hope kindle in her heart. Perhaps there was a way to overcome her suffering and find happiness again, even if it seemed unimaginable at the moment.

In the following days and weeks, Sara visited Elias repeatedly in his garden. She shared her worries and fears with him and listened attentively as he gave her his wise advice. And slowly, very slowly, something began to change within her.

One day, as Elias and Sara walked together through the blooming gardens, Elias suddenly stopped and pointed to a delicate flower that was just opening. "Look, my dear Sara," he said softly. "Do you see this flower? It was once a bud, tightly closed and hidden from the world. But now, thanks to the power of the sun and the rain, it is slowly opening up and unfolding its beauty for all to see."

Sara smiled and watched in fascination as the flower opened before her eyes. "It's beautiful, Elias," she said admiringly. "But what does that have to do with me?"

Elias placed his hand on her heart. "You are like this flower, my dear Sara," he said gently. "You have lingered in your pain for so long, so long in your sadness. But now is the time for you to open up and show your own beauty to the world."

Sara felt tears fill her eyes, but this time they were tears of joy and happiness. She embraced Elias gratefully and promised to keep his wise words in her heart.

In the following weeks, Sara blossomed like the flower in Elias' garden. She found solace and hope in his advice and felt strengthened and encouraged to take control of her life and look forward again.

And one day, as the sun rose over the village and the birds sang their songs, Sara stood on the hill at the edge of the world and smiled. She felt the warm breeze in her hair and the gentle buzzing of the bees around her, and she knew that she was ready to embrace her life to the fullest, no matter what the future might bring.

For she had learned that life was a gift, precious and fragile at the same time, and that it was up to her to embrace it and enjoy every moment as it came.

Ein sonniger Tag in der Stadt

In einer kleinen Stadt am Ufer eines ruhigen Flusses, wo die Sonne immer freundlich schien und die Menschen mit einem Lächeln auf den Lippen durch die Straßen schlenderten, lebte eine Frau namens Lena. Sie war eine einfache Lehrerin, die ihre Tage damit verbrachte, den Kindern die Freude am Lernen zu vermitteln und ihnen die Welt mit offenen Augen zu zeigen.

Eines sonnigen Tages im Frühling, als die Blumen in den Gärten blühten und die Vögel ihre Lieder sangen, beschloss Lena, einen Spaziergang durch die Stadt zu machen. Sie genoss die warmen Sonnenstrahlen auf ihrer Haut und das fröhliche Treiben der Menschen um sie herum.

Als Lena durch die belebte Hauptstraße schlenderte, sah sie plötzlich etwas Glitzerndes am Straßenrand liegen. Neugierig ging sie näher und entdeckte eine kleine goldene Münze, die im Sonnenlicht funkelte. Lena hob die Münze auf und betrachtete sie bewundernd. Sie war schön gearbeitet, mit filigranen Mustern und einem Bildnis eines alten Königs. Lena steckte die Münze in ihre Tasche und setzte ihren Spaziergang fort.

Unterwegs traf sie einen älteren Herrn, der auf einer Bank am Flussufer saß und die Enten beobachtete. Der Mann lächelte Lena freundlich an und sagte: "Eine schöne Münze, die Sie da gefunden haben, nicht wahr?"

Lena lächelte zurück. "Ja, sie ist wirklich hübsch", antwortete sie. "Ich frage mich, wie sie hierher gekommen ist."

Der ältere Herr nickte nachdenklich. "Wer weiß, welche Geschichten diese Münze zu erzählen hat", sagte er. "Vielleicht hat sie schon viele Hände durchlaufen und viele Abenteuer erlebt, bevor sie hier gelandet ist."

Lena lächelte. "Das wäre schön", sagte sie. "Es wäre interessant zu erfahren, was sie alles gesehen hat."

Der ältere Herr lächelte. "Vielleicht können Sie es herausfinden", sagte er geheimnisvoll. "Vielleicht gibt es jemanden in der Stadt, der mehr darüber weiß."

Lena bedankte sich beim älteren Herrn und machte sich auf den Weg. Sie konnte die Worte des Mannes nicht vergessen und beschloss, herauszufinden, wer mehr über die geheimnisvolle Münze wusste.

Auf ihrem Weg durch die Stadt traf Lena viele verschiedene Menschen: den Bäcker, der frische Brötchen in seinem Laden verkaufte, die Blumenhändlerin, die bunte Sträuße auf dem Marktplatz arrangierte, und den alten Buchhändler, der in seinem Antiquariat alte Bücher verkaufte.

Aber niemand schien etwas über die Münze zu wissen oder sich besonders für sie zu interessieren. Lena war enttäuscht, aber sie gab nicht auf. Sie beschloss, noch ein wenig weiter zu suchen und vielleicht jemanden zu finden, der ihr helfen konnte.

Schließlich kam Lena an eine kleine Seitenstraße, die zu einem alten Antiquitätenladen führte. Sie trat durch die Tür und sah sich um. Überall lagen alte Möbel, Schmuckstücke und andere Kuriositäten aus längst vergangenen Zeiten.

Ein alter Mann hinter dem Ladentisch sah Lena freundlich an. "Kann ich Ihnen helfen?" fragte er höflich.

Lena nickte. "Ich habe eine Frage zu dieser Münze", sagte sie und zog die goldene Münze aus ihrer Tasche. "Können Sie mir vielleicht sagen, woher sie stammt?"

Der alte Mann nahm die Münze und betrachtete sie aufmerksam. Seine Augen leuchteten auf, als er sie sah. "Das ist eine seltene Münze", sagte er beeindruckt. "Sie stammt aus einem fernen Land und ist sehr wertvoll."

Lena war überrascht. "Wirklich?" fragte sie erstaunt. "Das hätte ich nicht gedacht."

Der alte Mann lächelte. "Ja, es ist eine besondere Münze", sagte er.

Lena bedankte sich beim alten Mann und verließ den Laden.

Als sie nach Hause zurückkehrte, nahm Lena die Münze aus ihrer Tasche und betrachtete sie nachdenklich. Wer weiß, welche Abenteuer sie schon erlebt hatte und welche Geschichten sie noch zu erzählen hatte?

29

A Sunny Day in the City

In a small town on the banks of a calm river, where the sun always shone kindly and people strolled through the streets with a smile on their lips, lived a woman named Lena. She was a simple teacher who spent her days instilling the joy of learning in children and showing them the world with open eyes.

One sunny day in spring, when the flowers bloomed in the gardens and the birds sang their songs, Lena decided to take a walk through the city. She enjoyed the warm rays of the sun on her skin and the cheerful bustle of the people around her.

As Lena strolled through the bustling main street, she suddenly saw something glittering at the roadside. Curious, she walked closer and spotted a small golden coin sparkling in the sunlight. Lena picked up the coin and admired it. It was beautifully crafted, with delicate patterns and an image of an old king.

Lena put the coin in her pocket and continued her walk. On the way, she met an older gentleman sitting on a bench by the riverbank, watching the ducks. The man smiled kindly at Lena and said, "A beautiful coin you found there, isn't it?"

Lena smiled back. "Yes, it's really pretty," she replied. "I wonder how it ended up here."

The older gentleman nodded thoughtfully. "Who knows what stories that coin has to tell," he said. "Perhaps it has passed through many hands and experienced many adventures before ending up here."

Lena smiled. "That would be nice," she said. "It would be interesting to know what it has seen."

The older gentleman smiled. "Perhaps you can find out," he said mysteriously. "Perhaps there is someone in the city who knows more about it."

Lena thanked the older gentleman and set off. She couldn't forget the man's words and decided to find out who knew more about the mysterious coin.

On her way through the city, Lena met many different people: the baker selling fresh rolls in his shop, the florist arranging colorful bouquets in the marketplace, and the old bookseller selling antique books in his bookstore.

But no one seemed to know anything about the coin or to be particularly interested in it. Lena was disappointed, but she didn't give up. She decided to keep searching a little longer and perhaps find someone who could help her.

Finally, Lena arrived at a small side street leading to an old antique shop. She stepped through the door and looked around. Everywhere there was old furniture, jewelry, and other curiosities from times long past.

An old man behind the counter looked kindly at Lena. "Can I help you?" he asked politely.

Lena nodded. "I have a question about this coin," she said, taking the golden coin out of her pocket. "Can you tell me where it comes from?"

The old man took the coin and examined it closely. His eyes lit up when he saw it. "This is a rare coin," he said impressed. "It comes from a distant land and is very valuable."

Lena was surprised. "Really?" she asked amazed. "I wouldn't have thought that."

The old man smiled. "Yes, it's a special coin," he said.

Lena thanked the old man and left the shop.

When she returned home, Lena took the coin out of her pocket and looked at it thoughtfully. Who knows what adventures it had already experienced and what stories it still had to tell?

Der unerwartete Besuch

In einer kleinen Stadt, wo die Häuser eng beieinanderstanden und die Straßen von einem undurchdringlichen Nebel umhüllt waren, lebte ein Mann namens Franz. Er führte ein einfaches Leben, arbeitete als Schreiber in einem grauen Bürogebäude und verbrachte seine Tage damit, endlose Formulare auszufüllen.

Eines Morgens erwachte Franz mit einem merkwürdigen Gefühl in der Brust. Etwas stimmte nicht, aber er konnte nicht genau sagen, was es war. Er ging zur Arbeit wie immer, aber der Nebel schien dichter als sonst, und die Menschen auf der Straße wirkten fremd und distanziert.

Als Franz sein Büro betrat, bemerkte er sofort, dass etwas anders war. Die Möbel waren verschoben, die Bilder an der Wand hingen schief, und auf seinem Schreibtisch lag ein fremdes Schriftstück, das er noch nie zuvor gesehen hatte.

Verwirrt und beunruhigt, las Franz das Schriftstück. Es war ein Brief, adressiert an ihn, von einem Absender, den er nicht kannte. Der Inhalt des Briefes war noch verwirrender. Es war eine Einladung zu einem Treffen an einem geheimnisvollen Ort, zu einer Zeit, die noch nicht gekommen war.

Franz konnte nicht glauben, was er las. Wer war dieser Absender, und was wollte er von ihm? Warum hatte er ihn ausgewählt, und was würde passieren, wenn er der Einladung folgte?

Zögernd und unsicher beschloss Franz, dem Treffen zuzustimmen. Vielleicht würde er dort Antworten finden auf die Fragen, die ihn seit dem Erwachen quälten, Antworten auf die Rätsel seines Lebens.

Als die Nacht hereinbrach und der Nebel sich über die Stadt legte wie ein undurchdringlicher Schleier, machte sich Franz auf den Weg zum vereinbarten Treffpunkt. Er folgte den dunklen Gassen und verworrenen

Wegen, bis er schließlich vor einer alten Villa stand, die im Licht des Mondes düster und geheimnisvoll wirkte.

Franz trat zögernd durch das hohe Eisentor und betrat den düsteren Garten. Er spürte eine unheimliche Kälte, die ihm einen Schauer über den Rücken jagte, und er sah sich ängstlich um, ob jemand ihn beobachtete.

Plötzlich hörte Franz ein leises Rascheln im Gebüsch. Er erstarrte vor Schreck und presste sich gegen die Wand. Aber dann trat eine Gestalt aus dem Schatten hervor, eine Gestalt, die ihm bekannt vorkam.

Es war ein Mann, groß und schlank, mit einem bleichen Gesicht und funkelnden Augen. Er lächelte Franz freundlich an und streckte ihm die Hand entgegen.

"Willkommen, Franz", sagte der Mann mit einer Stimme, die klang wie das Flüstern des Windes. "Ich habe auf dich gewartet."

Franz war sprachlos vor Erstaunen. "Wer bist du?" stammelte er verwirrt. "Und was willst du von mir?"

Der Mann lächelte geheimnisvoll. "Ich bin ein Freund", antwortete er. "Ein Freund, der gekommen ist, um dir zu helfen, die Antworten zu finden, die du suchst."

Franz zögerte. Er wusste nicht, ob er dem Mann vertrauen sollte, aber etwas in seinem Herzen sagte ihm, dass er ihm glauben konnte, dass er ihm folgen sollte, wohin er auch ging.

Gemeinsam betraten Franz und der Mann die Villa und traten in einen Raum, der mit seltsamen Gegenständen und merkwürdigen Artefakten gefüllt war. Der Mann führte Franz zu einem alten Spiegel, der an der Wand hing, und deutete auf sein eigenes Spiegelbild.

"Schau hinein, Franz", sagte er sanft. "Schau tief in dein eigenes Spiegelbild und finde die Antworten, die du suchst."

Zögernd trat Franz näher und betrachtete sein Spiegelbild. Er sah sein eigenes Gesicht, bleich und verzweifelt, und er sah die Frage in seinen Augen, die Frage nach dem Sinn seines Lebens, nach dem Grund seines Seins.

Und plötzlich erkannte Franz die Wahrheit, die Wahrheit, die er so lange gesucht hatte. Er erkannte, dass das Leben ein Rä
tsel war, ein Rätsel, das er selbst lösen musste, ein Rätsel, das nur er allein verstehen konnte.

Mit einem Gefühl der Erleuchtung wandte sich Franz dem Mann zu und lächelte. "Danke", sagte er aufrichtig. "Danke, dass du mir geholfen hast, die Antworten zu finden, die ich gesucht habe."

Der Mann lächelte zurück und legte seine Hand auf Franz' Schulter. "Du bist immer willkommen, Franz", sagte er sanft. "Du weißt, wo du mich finden kannst, wenn du mich brauchst."

Und mit diesen Worten verschwand der Mann in den Schatten, und Franz stand allein im Raum, mit einem Gefühl der Ruhe und Gewissheit in seinem Herzen, mit dem Wissen, dass er den Weg gefunden hatte, den er gehen musste, den Weg zu sich selbst.

The Unexpected Visit

In a small town where the houses stood close together and the streets were enveloped in an impenetrable fog, lived a man named Franz. He led a simple life, working as a clerk in a gray office building and spending his days filling out endless forms.

One morning, Franz awoke with a strange feeling in his chest. Something was amiss, but he couldn't quite pinpoint what it was. He went to work as usual, but the fog seemed denser than usual, and the people on the street seemed strange and distant.

As Franz entered his office, he immediately noticed that something was different. The furniture was rearranged, the pictures on the wall were crooked, and on his desk lay a strange document that he had never seen before.

Confused and unsettled, Franz read the document. It was a letter addressed to him, from a sender he did not know. The contents of the letter were even more bewildering. It was an invitation to a meeting at a mysterious location, at a time that had not yet come.

Franz couldn't believe what he was reading. Who was this sender, and what did he want from him? Why had he chosen him, and what would happen if he accepted the invitation?

Hesitant and unsure, Franz decided to agree to the meeting. Perhaps he would find answers there to the questions that had plagued him since waking up, answers to the mysteries of his life.

As night fell and the fog settled over the town like an impenetrable veil, Franz set off for the agreed meeting point. He followed the dark alleys and winding paths until he finally stood in front of an old villa, which in the moonlight appeared gloomy and mysterious.

Franz hesitantly stepped through the high iron gate and entered the gloomy garden. He felt an eerie coldness that sent a shiver down his spine, and he anxiously looked around to see if anyone was watching him.

Suddenly, Franz heard a faint rustling in the bushes. He froze in shock and pressed himself against the wall. But then a figure emerged from the shadows, a figure that seemed familiar to him.

It was a man, tall and slender, with a pale face and sparkling eyes. He smiled kindly at Franz and extended his hand.

"Welcome, Franz," said the man with a voice that sounded like the whisper of the wind. "I have been waiting for you."

Franz was speechless with astonishment. "Who are you?" he stammered confusedly. "And what do you want from me?"

The man smiled mysteriously. "I am a friend," he replied. "A friend who has come to help you find the answers you seek."

Franz hesitated. He didn't know if he should trust the man, but something in his heart told him that he could believe him, that he should follow him wherever he went.

Together, Franz and the man entered the villa and stepped into a room filled with strange objects and curious artifacts. The man led Franz to an old mirror hanging on the wall and pointed to his own reflection.

"Look into it, Franz," he said gently. "Look deep into your own reflection and find the answers you seek."

Tentatively, Franz approached and gazed at his reflection. He saw his own face, pale and desperate, and he saw the question in his eyes, the question of the meaning of his life, the reason for his existence.

And suddenly, Franz realized the truth, the truth he had been seeking for so long. He realized that life was a puzzle, a puzzle that he himself had to solve, a puzzle that only he alone could understand.

With a feeling of enlightenment, Franz turned to the man and smiled. "Thank you," he said sincerely. "Thank you for helping me find the answers I have been searching for."

The man smiled back and placed his hand on Franz's shoulder. "You are always welcome, Franz," he said gently. "You know where to find me if you need me."

And with these words, the man disappeared into the shadows, and Franz stood alone in the room, with a feeling of peace and certainty in his heart, with the knowledge that he had found the path he had to take, the path to himself.

Die Bäckerei des Glücks

In einem kleinen Dorf namens Sonnental, wo die Menschen fröhlich durch die Straßen schlenderten und der Duft von frischem Brot in der Luft lag, befand sich eine besondere Bäckerei. Diese Bäckerei wurde von einer freundlichen Frau namens Anna geführt, die ein Lächeln für jeden Kunden hatte, der ihr Geschäft betrat.

Anna liebte es, zu backen. Sie zauberte die leckersten Kuchen, Torten und Brötchen, die das Dorf je gesehen hatte. Aber nicht nur das - in ihrer Bäckerei herrschte auch immer eine warme und einladende Atmosphäre, die die Menschen anzog und ihnen das Gefühl gab, zu Hause zu sein.

Eines Tages beschloss Anna, etwas Neues auszuprobieren. Sie hatte eine Idee für ein ganz besonderes Brot, das nicht nur köstlich schmeckte, sondern auch Glück und Freude verbreitete. Sie nannte es das "Glücksbrot".

Anna arbeitete Tag und Nacht an ihrem Glücksbrot, experimentierte mit den Zutaten und verfeinerte ihr Rezept, bis sie schließlich zufrieden war mit dem Ergebnis. Das Glücksbrot war perfekt - goldbraun gebacken, mit einer knusprigen Kruste und einem herrlich weichen Inneren, das einem das Wasser im Mund zusammenlaufen ließ.

Am nächsten Morgen, als die Sonne über Sonnental aufging und die Vögel fröhlich zwitscherten, öffnete Anna ihre Bäckerei und legte das frisch gebackene Glücksbrot in die Auslage. Sofort strömten die Menschen in Scharen herbei, um das neue Brot zu probieren.

Und sie waren begeistert! Als sie das Glücksbrot aßen, fühlten sie eine Wärme in ihrem Herzen, ein Gefühl von Glück und Zufriedenheit, das sie schon lange nicht mehr gespürt hatten. Sie lächelten einander zu und bedankten sich bei Anna für dieses besondere Brot, das ihnen so viel Freude bereitete.

Das Glücksbrot wurde schnell zu einem Hit in Sonnental. Die Menschen kamen von weit und breit, um Anna's Bäckerei zu besuchen und das magische Brot zu probieren. Und jedes Mal, wenn sie ein Stück von dem Glücksbrot aßen, fühlten sie sich ein Stück glücklicher und zufriedener mit ihrem Leben.

Und so backte Anna weiterhin ihr Glücksbrot und verbreitete Freude und Glück, wo immer sie hinging. Denn sie wusste, dass in einer Welt, die manchmal traurig und dunkel erscheinen mochte, ein kleines Stück Glücksbrot einen großen Unterschied machen konnte.

The Bakery of Happiness

In a small village called Sunny Valley, where people strolled happily through the streets and the scent of fresh bread filled the air, there was a special bakery. This bakery was run by a friendly woman named Anna, who had a smile for every customer who entered her shop.

Anna loved to bake. She conjured up the most delicious cakes, pies, and rolls the village had ever seen. But not only that - in her bakery, there was always a warm and inviting atmosphere that attracted people and made them feel at home.

One day, Anna decided to try something new. She had an idea for a very special bread that not only tasted delicious but also spread happiness and joy. She called it the "Bread of Happiness."

Anna worked day and night on her Bread of Happiness, experimenting with ingredients and refining her recipe until she was satisfied with the result. The Bread of Happiness was perfect - golden brown, with a crispy crust and a wonderfully soft interior that made one's mouth water.

The next morning, as the sun rose over Sunny Valley and the birds chirped happily, Anna opened her bakery and placed the freshly baked Bread of Happiness in the display. Immediately, people flocked in droves to taste the new bread.

And they were delighted! As they ate the Bread of Happiness, they felt warmth in their hearts, a feeling of happiness and contentment that they hadn't felt in a long time. They smiled at each other and thanked Anna for this special bread that brought them so much joy.

The Bread of Happiness quickly became a hit in Sunny Valley. People came from far and wide to visit Anna's bakery and taste the magical bread. And every time they ate a piece of the Bread of Happiness, they felt a little happier and more content with their lives.

And so Anna continued to bake her Bread of Happiness and spread joy and happiness wherever she went. Because she knew that in a world that sometimes seemed sad and dark, a little piece of Bread of Happiness could make a big difference.

Der verzauberte Spiegel

Es war einmal ein kleines Dorf am Rande eines dichten Waldes, in dem die Zeit stillzustehen schien. Die Menschen lebten dort in Frieden und Harmonie, umgeben von einer Atmosphäre der Magie und des Geheimnisses.

In diesem Dorf lebte eine junge Frau namens Emma. Sie war eine einfache Schneiderin, die jeden Tag in ihrem kleinen Laden arbeitete und schöne Kleider für die Dorfbewohner nähte. Emma war bekannt für ihre Freundlichkeit und ihre warme Ausstrahlung, die jeden, der sie traf, sofort verzauberte.

Eines Tages erhielt Emma ein unerwartetes Geschenk - einen alten, verzierten Spiegel, der angeblich magische Kräfte besaß. Der Spiegel wurde ihr von einem geheimnisvollen Fremden überreicht, der behauptete, er könne die Zukunft darin sehen.

Emma war fasziniert von dem Spiegel und beschloss, ihn in ihrem Laden aufzuhängen, damit ihre Kunden ihn bewundern konnten. Doch je länger der Spiegel dort hing, desto mehr begannen sich merkwürdige Dinge zu ereignen.

Die Menschen im Dorf bemerkten, dass ihre Spiegelbilder im magischen Spiegel anders aussahen als in jedem anderen Spiegel. Sie sahen jünger aus, strahlender und glücklicher, als ob der Spiegel ihre innerste Schönheit zum Vorschein brachte.

Emma war fasziniert von dem Spiegel und begann, sich jeden Tag darin zu betrachten. Sie sah sich selbst in einem ganz neuen Licht und entdeckte Seiten an sich, die sie zuvor nicht gekannt hatte.

Aber je öfter Emma in den Spiegel blickte, desto mehr begann sie zu bemerken, dass etwas mit ihrem Spiegelbild nicht stimmte. Es schien lebendig zu werden, sich zu bewegen und mit ihr zu kommunizieren, als ob es ein eigenes Wesen wäre.

Emma war verwirrt und verängstigt von dem, was sie sah. Sie wusste nicht, was mit dem Spiegel passierte und ob er sie verfluchte oder segnete.

Eines Tages beschloss Emma, sich dem Geheimnis des Spiegels zu stellen. Sie trat näher und betrachtete ihr Spiegelbild mit einem festen Blick. "Wer bist du?" fragte sie leise.

Und zu ihrer Überraschung antwortete das Spiegelbild. "Ich bin deine innere Stimme", sagte es. "Ich bin die Essenz deiner Seele, die dich leitet und dir den Weg zeigt."

Emma war erstaunt von der Antwort. Sie hatte nie gedacht, dass ihr Spiegelbild ein eigenes Bewusstsein haben könnte.

Aber das Spiegelbild sprach weiter. "Du bist mehr, als du zu sein glaubst", sagte es. "Du hast die Kraft, deine Träume zu verwirklichen und dein Schicksal zu formen. Vertraue auf dich selbst und folge deinem Herzen."

Emma hörte aufmerksam zu und spürte eine tiefe Weisheit in den Worten ihres Spiegelbildes. Sie erkannte, dass der Spiegel ihr nicht nur ihr äußeres Erscheinungsbild zeigte, sondern auch ihre innere Stärke und ihren Mut.

Von diesem Tag an betrachtete Emma den Spiegel mit neuen Augen. Sie sah nicht mehr nur ihr eigenes Abbild darin, sondern auch die Kraft und die Magie, die in ihr schlummerten.

Denn sie wusste, dass der verzauberte Spiegel ihr nicht nur gezeigt hatte, wer sie wirklich war, sondern ihr auch den Mut gegeben hatte, das Leben in vollen Zügen zu genießen und ihren Träumen zu folgen.

The Enchanted Mirror

Once upon a time, there was a small village on the edge of a dense forest, where time seemed to stand still. The people lived there in peace and harmony, surrounded by an atmosphere of magic and mystery.

In this village lived a young woman named Emma. She was a simple seamstress who worked every day in her small shop, sewing beautiful clothes for the villagers. Emma was known for her kindness and warm demeanor, which enchanted anyone she met.

One day, Emma received an unexpected gift - an old, ornate mirror that was said to possess magical powers. The mirror was handed to her by a mysterious stranger who claimed he could see the future in it.

Emma was fascinated by the mirror and decided to hang it in her shop for her customers to admire. But the longer the mirror hung there, the more strange things began to happen.

The people in the village noticed that their reflections in the magical mirror looked different than in any other mirror. They appeared younger, more radiant, and happier, as if the mirror brought out their inner beauty.

Emma was fascinated by the mirror and began to look at herself in it every day. She saw herself in a whole new light and discovered sides of herself that she hadn't known before.

But the more Emma looked into the mirror, the more she began to notice that something was wrong with her reflection. It seemed to come alive, to move and communicate with her, as if it were its own being.

Emma was confused and frightened by what she saw. She didn't know what was happening with the mirror and whether it was cursing or blessing her.

One day, Emma decided to confront the mystery of the mirror. She stepped closer and looked at her reflection with a determined gaze. "Who are you?" she asked softly.

And to her surprise, the reflection answered. "I am your inner voice," it said. "I am the essence of your soul, guiding you and showing you the way."

Emma was amazed by the response. She had never thought that her reflection could have its own consciousness.

But the reflection continued to speak. "You are more than you believe to be," it said. "You have the power to fulfill your dreams and shape your destiny. Trust yourself and follow your heart."

Emma listened attentively and felt a deep wisdom in the words of her reflection. She realized that the mirror not only showed her outer appearance, but also her inner strength and courage.

From that day on, Emma looked at the mirror with new eyes. She no longer saw just her own image in it, but also the power and magic that lay dormant within her.

For she knew that the enchanted mirror had not only shown her who she truly was, but also given her the courage to enjoy life to the fullest and follow her dreams.

Die einsame Bank

Es war einmal eine kleine Stadt, umgeben von sanften Hügeln und grünen Wäldern. In dieser Stadt lebte ein Mann namens Hans. Er war ein einfacher Mann, der sein ganzes Leben lang in der örtlichen Fabrik gearbeitet hatte. Jeden Tag, nachdem er seine Arbeit beendet hatte, ging Hans durch die Straßen der Stadt und setzte sich auf eine einsame Bank am Rande des Parks.

Die Bank war alt und knarzte bei jedem kleinen Windhauch. Aber für Hans war sie wie ein treuer Freund, der ihm zuhörte, ohne ein Wort zu sagen. Auf dieser Bank konnte er seine Gedanken ordnen und den Stress des Tages vergessen.

Eines Tages, als Hans wieder einmal auf seiner Bank saß, bemerkte er eine Frau, die ihm gegenüber saß. Sie war still und traurig und schien in ihren Gedanken verloren zu sein. Hans lächelte sie freundlich an und sagte: "Guten Tag, mein Name ist Hans. Wie heißt du?"

Die Frau schaute überrascht auf und lächelte dann zurück. "Ich bin Anna", antwortete sie leise.

Hans lud Anna ein, sich neben ihn zu setzen, und so begannen sie zu plaudern. Sie sprachen über das Wetter, über ihre Lieblingsbücher und über ihre Träume. Hans erfuhr, dass Anna vor kurzem in die Stadt gezogen war und sich noch einsam fühlte.

Von diesem Tag an trafen sich Hans und Anna jeden Abend auf der Bank im Park. Sie teilten ihre Geschichten, lachten über kleine Witze und genossen einfach die Gesellschaft des anderen. Die einsame Bank war nicht mehr einsam, wenn sie zusammen saßen.

Die Zeit verging und die Freundschaft zwischen Hans und Anna wurde immer stärker. Sie teilten ihre Sorgen und ihre Freuden miteinander und fanden Trost in ihrer gemeinsamen Zeit auf der Bank.

Eines Tages jedoch, als Hans zum Park kam, war Anna nicht da. Er wartete geduldig, aber sie kam nicht. Hans fühlte sich einsam und besorgt. Er fragte sich, was passiert sein könnte.

Plötzlich hörte er eine vertraute Stimme hinter sich. Es war Anna, die mit einem strahlenden Lächeln auf ihr Gesicht zu ihm eilte.

"Tut mir leid, dass ich zu spät bin, Hans", sagte sie atemlos. "Ich hatte einen kleinen Unfall, aber es geht mir gut."

Hans war erleichtert, Anna wieder zu sehen. Er umarmte sie fest und sagte: "Es ist gut, dass du in Ordnung bist. Ich habe mir Sorgen gemacht."

Die beiden setzten sich auf die Bank und redeten über Annas kleinen Unfall. Hans war froh zu hören, dass es ihr gut ging und dass sie bald wieder vollständig genesen würde.

Die Sonne ging langsam unter und die Sterne begannen am Himmel zu leuchten. Hans und Anna saßen schweigend nebeneinander und genossen die friedliche Atmosphäre des Parks.

Plötzlich brach Hans das Schweigen. "Anna, ich habe dir etwas zu sagen", begann er nervös.

Anna schaute ihn neugierig an. "Was ist denn, Hans? Du siehst so ernst aus."

Hans holte tief Luft und fuhr fort: "Ich mag dich sehr, Anna. Du bist zu einer wichtigen Person in meinem Leben geworden. Ich möchte, dass du weißt, dass ich immer für dich da bin, egal was passiert."

Anna lächelte gerührt und legte sanft ihre Hand auf Hans' Schulter. "Danke, Hans. Du bist auch sehr wichtig für mich. Ich bin so dankbar, dich getroffen zu haben."

In diesem Moment wusste Hans, dass er keine einsame Bank mehr brauchte, um sich glücklich zu fühlen. Er hatte Anna gefunden, und mit ihrer Freundschaft fühlte er sich vollständig.

Die beiden saßen noch eine Weile auf der Bank und genossen die Stille der Nacht. Als es Zeit war zu gehen, standen sie auf und gingen Arm in Arm nach Hause, wissend, dass sie sich gegenseitig gefunden hatten und dass ihre Freundschaft für immer halten würde.

Und so endet die Geschichte von Hans und Anna, die auf einer einsamen Bank im Park begann.

The Lonely Bench

Once upon a time, there was a small town surrounded by gentle hills and green forests. In this town lived a man named Hans. He was a simple man who had worked in the local factory all his life. Every day, after finishing his work, Hans walked through the streets of the town and sat on a lonely bench at the edge of the park.

The bench was old and creaked with every little breeze. But for Hans, it was like a faithful friend who listened to him without saying a word. On this bench, he could organize his thoughts and forget the stress of the day.

One day, as Hans sat on his bench once again, he noticed a woman sitting across from him. She was quiet and sad, lost in her thoughts. Hans smiled kindly at her and said, "Good day, my name is Hans. What's your name?" The woman looked surprised and then smiled back. "I am Anna," she replied softly.

Hans invited Anna to sit next to him, and they began to chat. They talked about the weather, their favorite books, and their dreams. Hans learned that Anna had recently moved to town and was still feeling lonely.

From that day on, Hans and Anna met every evening on the bench in the park. They shared their stories, laughed at small jokes, and simply enjoyed each other's company. The lonely bench was no longer lonely when they sat together.

Time passed, and the friendship between Hans and Anna grew stronger. They shared their worries and their joys with each other and found comfort in their time together on the bench.

However, one day, when Hans came to the park, Anna was not there. He waited patiently, but she did not come. Hans felt lonely and worried. He wondered what could have happened.

Suddenly, he heard a familiar voice behind him. It was Anna, rushing towards him with a radiant smile on her face.

"I'm sorry I'm late, Hans," she said breathlessly. "I had a little accident, but I'm okay."

Hans was relieved to see Anna again. He hugged her tightly and said, "I'm glad you're okay. I was worried about you."

The two of them sat down on the bench and talked about Anna's minor accident. Hans was glad to hear that she was fine and that she would soon fully recover.

The sun slowly set, and the stars began to shine in the sky. Hans and Anna sat silently next to each other, enjoying the peaceful atmosphere of the park.

Suddenly, Hans broke the silence. "Anna, I have something to tell you," he began nervously.

Anna looked at him curiously. "What is it, Hans? You look so serious."

Hans took a deep breath and continued, "I really like you, Anna. You have become an important person in my life. I want you to know that I'll always be there for you, no matter what happens."

Anna smiled, touched and gently placed her hand on Hans' shoulder. "Thank you, Hans. You're also very important to me. I'm so grateful to have met you."

In that moment, Hans knew that he no longer needed a lonely bench to feel happy. He had found Anna, and with her friendship, he felt complete.

The two of them sat on the bench for a while longer, enjoying the quiet of the night. When it was time to go, they stood up and walked home arm in arm, knowing that they had found each other and that their friendship would last forever.

And so ends the story of Hans and Anna, which began on a lonely bench in the park.

Der Berg der Träume

Es war einmal ein kleines Dorf, das tief in den Bergen lag. Die Menschen dort lebten einfach und glücklich, umgeben von der majestätischen Schönheit der Natur. In diesem Dorf lebte ein Mann namens Jakob. Er war ein einfacher Holzfäller, der sein ganzes Leben lang im Wald gearbeitet hatte.

Jakob liebte den Wald und die Berge. Jeden Tag machte er sich frühmorgens auf den Weg, um Holz zu sammeln. Er kletterte die steilen Pfade hinauf und hörte dabei das Lied der Vögel und das Rauschen der Bäche.

Eines Tages, als Jakob im Wald arbeitete, entdeckte er einen verborgenen Pfad, der tiefer in die Berge führte. Neugierig folgte er dem Pfad und fand sich bald an einem wunderschönen See wieder, der von hohen Felsen umgeben war.

Am Ufer des Sees stand ein alter Baum, dessen Zweige sich majestätisch in den Himmel reckten. Jakob spürte eine seltsame Ruhe an diesem Ort, als ob der Berg ihm etwas zu erzählen hätte.

Er setzte sich unter den Baum und schloss die Augen. In seinen Träumen sah er sich selbst, wie er die Bergpfade entlang wanderte, die Sonne auf seinem Gesicht und der Wind in seinem Haar. Er sah glückliche Menschen, die zusammen lachten und tanzten, und er spürte, dass dies ein Ort der Freude und des Friedens war.

Als Jakob die Augen öffnete, fühlte er sich erfrischt und voller neuer Energie. Er beschloss, diesen besonderen Ort mit den Menschen seines Dorfes zu teilen. Vielleicht könnte der Berg auch ihnen helfen, ihre Träume zu verwirklichen.

Jakob kehrte ins Dorf zurück und erzählte den Menschen von seinem Fund. Sie waren neugierig und aufgeregt und beschlossen, am nächsten Tag gemeinsam den verborgenen Pfad zu erkunden.

Am nächsten Morgen machten sich die Dorfbewohner früh auf den Weg. Sie folgten Jakob den Berg hinauf, über steinige Pfade und durch dichte Wälder, bis sie schließlich den verborgenen See erreichten.

Als sie den See sahen, waren sie sprachlos vor Staunen. Die Schönheit des Ortes überwältigte sie, und sie spürten die gleiche Ruhe und Harmonie, die Jakob erlebt hatte.

Die Dorfbewohner setzten sich am Ufer des Sees nieder und schlossen die Augen. Sie träumten von ihren Wünschen und Hoffnungen, von ihren Ängsten und Sorgen. Und während sie träumten, spürten sie, wie der Berg ihre Herzen berührte und ihre Seelen mit neuer Kraft erfüllte.

Als sie die Augen öffneten, lächelten sie einander an. Sie fühlten sich gestärkt und voller Zuversicht, bereit, ihre Träume zu verwirklichen.

Und so lebten Jakob und die Menschen seines Dorfes glücklich und zufrieden am Fuße des Berges, umgeben von der majestätischen Schönheit der Natur und den Träumen, die in ihren Herzen lebten.

The Mountain of Dreams

Once upon a time, there was a small village nestled deep in the mountains. The people there lived simply and happily, surrounded by the majestic beauty of nature. In this village lived a man named Jakob. He was a simple lumberjack who had worked in the forest all his life.

Jakob loved the forest and the mountains. Every day, he set out early to collect wood. He climbed the steep paths, listening to the song of the birds and the rushing of the streams.

One day, while Jakob was working in the forest, he discovered a hidden path that led deeper into the mountains. Curiously, he followed the path and soon found himself at a beautiful lake surrounded by tall cliffs.

On the shore of the lake stood an old tree, its branches stretching majestically towards the sky. Jakob felt a strange peace at this place, as if the mountain had something to tell him.

He sat down under the tree and closed his eyes. In his dreams, he saw himself walking along the mountain paths, the sun on his face and the wind in his hair. He saw happy people laughing and dancing together, and he felt that this was a place of joy and peace.

When Jakob opened his eyes, he felt refreshed and full of new energy. He decided to share this special place with the people of his village. Perhaps the mountain could help them fulfill their dreams too.

Jakob returned to the village and told the people about his discovery. They were curious and excited and decided to explore the hidden path together the next day.

The next morning, the villagers set out early. They followed Jakob up the mountain, over rocky paths and through dense forests, until they finally reached the hidden lake.

When they saw the lake, they were speechless with wonder. The beauty of the place overwhelmed them, and they felt the same peace and harmony that Jakob had experienced.

The villagers sat down on the shore of the lake and closed their eyes. They dreamed of their wishes and hopes, their fears and worries. And as they dreamed, they felt the mountain touch their hearts and fill their souls with new strength.

When they opened their eyes, they smiled at each other. They felt strengthened and full of confidence, ready to fulfill their dreams.

And so, Jakob and the people of his village lived happily and contentedly at the foot of the mountain, surrounded by the majestic beauty of nature and the dreams that lived in their hearts.

9 798224 284573